喜び納める
喜納千鶴子
健康くぜひ健康
令和元年
七月一日九七才

母から習った教えと私が残したい言葉

チルグヮーの

むんならーし

喜納千鶴子　玉那覇展江
（聞き取り・編集）

沖縄タイムス社

【チルグヮー】

「チル」は「鶴」、「グヮー」は愛称に用いる接尾語でかわいらしいもの、愛らしいもの、小さなものに付けます。「チルグヮー」は両親や祖父母から呼ばれた幼名で、現代風に訳すと「ツルちゃん」。

【むんならーし】

「むんならーし」は「母からの教え」。

「むん（物）」の「ならーし（教え）」が語源です。

「チルグヮー」こと喜納千鶴子さん
＝那覇市松尾の喜納商店、2013年8月6日

もくじ

【人としての心得】

【親と子】

【兄弟】

【忍耐】

はじめに

喜納千鶴子

皆様、はじめまして。

五年前の八十六歳の時から、沖縄タイムス販売店ミニコミ紙「旧暦カレンダー」に「チルグヮーのむんならーし」を出すようになりました。子どもの頃、学校で級長をするようなディキヤー（優秀な人）ではなかったので、毎月「むんならーし」を出すのは、本当は恥ずかしかったです。でも、私がこの世に生を受けた証として、知っていることは生きている間にみんな吐き出してから逝きたいと思いました。高齢だから今日は元気だけど、明日はどうかわかりません。いつでも、今できる限りの自分を精一杯出すようにしています。

「むんならーし」は、明治生まれの母や、琉球国時代（日本では江戸時代）の生まれの祖母から、口伝えで教えてもらったものです。両親とも無学で、字の読み書きはできませんでした。それで、「むんならーし」の当て字は、私が考えたものです。また、私が歩んできた山あり谷ありの九十年余の人生の中で、自分で創作したものもいくつかあります。

明治時代の沖縄の人たちが使っていた言葉は、ほとんどが“しまくとぅば”でした。現在、先祖代々からの“しまくとぅば”は消えつつありますが、“しまくとぅば”は沖縄の人にとって根っこの部分だと思います。根っこをなくしてしまっては、宝を失うようなものだと思うのです。私が今、“しまくとぅば”の「むんならーし」を伝え残していくことで、現代を生きる皆様方に沖縄の根っこを受け継いでいってもらいたいと願っています。

この度、毎月紹介した「むんならーし」が本になりました。「良ー事やれー　さんしゆかーすしまし（良い行いならば、やらないよりやった方がいいのです。どんなことも、まずは行動する方がおもしろいし、結果もついてきます）」という「むんならーし」に励まされて、勇気を出して行動してよかったと思います。

読んで下さった皆様が、より良い人生を送ることができますように。

二〇一四年　三月

本書の方針

監修(かんしゅう)　仲原(なかはら)　穣(じょう)

1　「むんならーし」は、喜納千鶴子(きなちづこ)さんが、母の石川モーサさんから教わった格言、忠告、親が子を諭(さと)すことば等の総称(そうしょう)です。そのため、なかには一般的に流布(るふ)するものと異なる表現や解釈(かいしゃく)もあります。本書は喜納さんが記憶している表現や解釈を大事にし、そのまま記載(きさい)しました。

2　本文に掲載(けいさい)した「しまくとぅば」は、喜納千鶴子さんが生まれ育った「沖縄県本部町(もとぶちょう)桃原(とうばる)豊原(とよはら)地区」のことばです。この「豊原地区」では喜納さんのご両親のようにヤードゥイ（沖縄本島中南部地域などから移り住んだ人々）が多かったようで、喜納さんご自身も沖縄本島中南部地域と同様のことばを使用しています。

なお、「しまくとぅば」とは、琉球(りゅうきゅう)列島の各集落で話されている伝統的なことばのことを指します。
ちなみに、沖縄本島中南部の伝統的なことばをユネスコ（国際連合教育科学文化機関）は「沖縄語」と名付けています。よって、喜納さんの「しまくとぅば」も「沖縄語」の一種といえます。（ユネスコは琉球列島のことばを「奄美語」「国頭語」「沖縄語」「宮古語」「八重山語」「与那国語」に分類し、これらすべてを「消滅の危機にさらされている言語」と認定しました）。

3　「むんならーし」は、ほとんどが伝統的な「しまくとぅば」で表記されています。しかし、なかには「しまくとぅば」と共通語がないまぜになったことば、いわゆる「うちなーやまとぅぐち」（琉球語のなかに共通語が入り交じったことば）のものもみられます。

4　「しまくとぅば」の表記については、喜納さんの発音になるべく近い表記になるようにしました。そこで本書では、伸ばす音（長い母音）を「ー」（棒引き記号）で表記しました。

なお、日本語（共通語）にみられない「しまくとぅば」独特の発音は、以下のように「ひらがな」を2字以上組み合わせて表記しました。

（例）［ti］＝「てぃ」、［tu］＝「とぅ」、［wu］＝「をぅ」、［ji］＝「ぃい」、［wi］＝「うぃ」、喉を詰める音＝「っ」（「っやー」（お前）、「っうぃー」（上）など）。

「むんならーし」は読みやすさを考慮した漢字仮名交じり文で表記します。なお、本書で用いた漢字は、単語の語源や意味などに基づいていますが、なかには琉歌（琉球でうたわれる短歌）の表記にヒントを得た漢字もあります（漢字の「読みがな」はルビで示しました）。

あなたに

我(わん)産(な)ちぇる親(うや)や
産(な)しる産(な)しみそち
意地(いじ)智(ち)賢(かしちゅ)さや
我身(わみ)ぬ優(すぐ)り

親は子を生み育てただけです。
勇気、知恵、賢(かしこ)さ、強さはあなたの中にあります。
その良さを生かすのは他の誰でもない、
あなた自身なのです。

チルグヮーの
ゆんたくコラム

白い煙と黒い煙
～旅立ちの船の見送り～

私が小学2年生の時、姉さんが本土の紡績(ぼうせき)工場へ出(で)稼(かせ)ぎに行きました。那覇から北部を通って本土へ行く船を本部(もとぶ)の山から家族や親戚(しんせき)、みんなで見送りました。

「残波(ざんぱ)岬から船が見ーんどー」と誰かが叫(さけ)ぶと、畑へ行こうとしていた叔母(おば)さんも鍬(くわ)を置き、見送りに来てくれました。しばらくすると伊江島(いえじま)の前を黒い煙をはきながら船が進んで来ます。船の中の姉さんから本部の自分たちの見送りがわかるように、草や松葉(まつば)を燃やして白い煙を昇らせました。

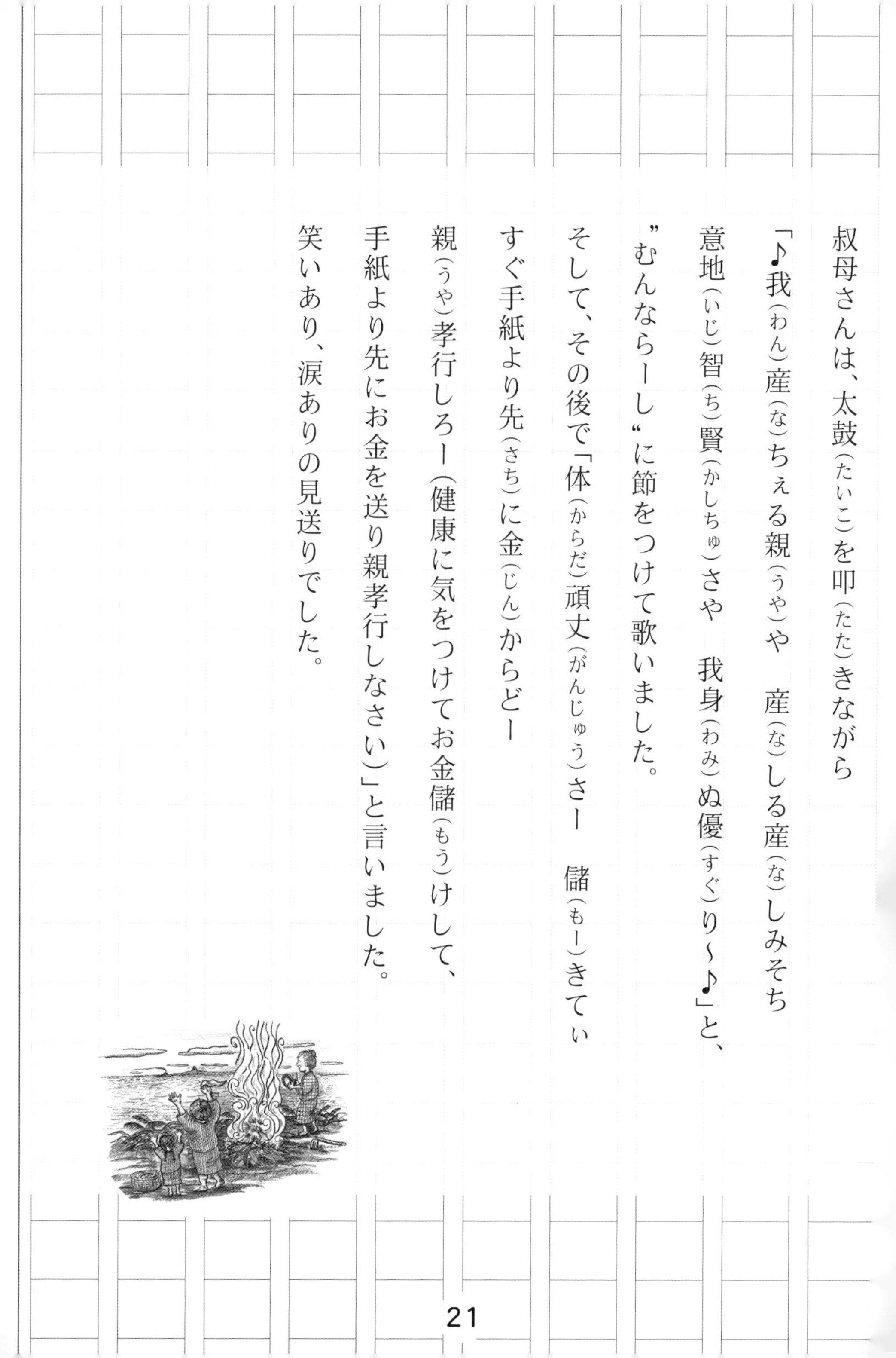

叔母さんは、太鼓（たいこ）を叩（たた）きながら
「♪我（わん）産（な）ちぇる親（うや）や　産（な）しる産（な）しみそち
意地（いじ）智（ち）賢（かしちゅ）さや　我身（わみ）ぬ優（すぐ）り～♪」と、
”むんならーし“に節をつけて歌いました。
そして、その後で「体（からだ）頑丈（がんじゅう）さー　儲（もー）きてぃ
すぐ手紙より先（さち）に金（じん）からどー
親（うや）孝行しろー（健康に気をつけてお金儲（もう）けして、
手紙より先にお金を送り親孝行しなさい）」と言いました。
笑いあり、涙ありの見送りでした。

良ー(いい)事(くぅとぅ)やれー
さんしゆかー
すしまし

良い行いならば、やらないよりやった方がいいのです。
どんなことも、まずは行動する方がおもしろいし、
結果もついてきます。

さんる　ならんる　せーないさ

何事も勇気を出してやればできるのです。
やらないからできないのですよ。

辰(たち)年(どぅし)立(た)ち去(さ)てぃ
巳(みー)年(どぅし)実(みー)なち
手(てぃ)本(ふん)立(た)てぃり

辰(たつ)年にできなかったことを、
巳(み)年こそ実になるように努力し、
実現させなさい。
巳年は、これまでの計画を実らせる年にできるのです。

若い人たちへ

むんならーし

人間（にんじん）浮世（うちゆ）や瞬（まばた）きぬ浮世（うちゆ）
あぬ世（ゆ）る長（なげ）ーさんろー　産子（なしぐゎ）ぬ達（ちゃー）
若（わか）さ　たるがきてぃ　油断（ゆだん）するな
若（わか）さぬ　難儀（なんじ）や買（こ）ーてぃんせー

人生はまばたきしているうちに過ぎると感じるくらい、
あっと言う間に過ぎ去って行くものです。
若いからといって油断しないで人生を歩みなさい。
そして、若いうちの苦労は買ってでもしなさい。

年(にん)ぬ走(はい)や　馬(うま)ぬ走(はい)
油断(ゆだん)するな
待(ま)てぃ事(ぐうとう)　聞(ち)かん

馬が走るがごとく、人生は過ぎ去って行くものです。
待って欲しいと言っても、待ってはくれません。
日々、油断せずに生きることが肝心(かんじん)なのです。

日(ひー)ぬ走(はい)や　馬(うま)ぬ走(はい)

油断していると、
すぐ一日が終わってしまいます。
今日やるべきことは、
今日やりなさい。

良(いい)ー友(るし)連(ち)りーねー
良(いい)ー者(むん)なゆん
悪(やな)友(るし)連(ち)りーねー
悪(やな)者(むん)なゆん

良い友達を作ったら良い方向へいきます。
その反対もしかりです。
自然と一緒にいる友達の影響は受けるものだから
良い友達を作りなさい。

独身の人たちへ

むんならーし

山(やま)ぬ木(きー)や余多(あまた)
杖木(ぐーさんぎー)や　ねーらん

山には木がたくさんありますが、
杖(つえ)に適したまっすぐで堅(かた)い上等な木は
滅多(めった)にありません。
世間にも男女がたくさんいますが、
自分にとって将来支えになるような相手は
少ないものです。
お互いが最後の杖になり、
支え合うことができる伴侶(はんりょ)を探し求めなさいね。

落ち込んだときに

むんならーし

人間（にんじん） なーたましだまし

一点（ちゅてぃん）所（どぅくる）や あんろー

どんな人でもそれぞれ生まれながらにして持っている、
いいところやとりえが一つはあるものです。

魂(たましー)や　自分(るー)にる　あんろー

たとえ親子であっても、
心の援助をすることはできません。
心の持ち方は、自分以外、
誰であろうと補(おぎな)うことはできないものです。
自分自身がしっかりしなさいね。

人間（にんじん）ぬ浮世（うちゅ）や
七（なな）恥（はじ）んかちゅる
浮世（うちゅ）や　渡（わた）いんろー

人間は多くの恥(はじ)をかいて人生を渡って行くものです。
少しくらい恥をかいても尻込(しりご)みせず、
勇気を出して人生を歩んでいくのです。

借金(しー)とぅ病(やんめー)や　隠(かく)すな

大道(うふみち)出(つん)ぢてぃ　物習(むんなれー)し

借金と病気は隠さないでいいのです。

さらけ出すことで、誰が助けてくれるかわかりません。

狭く考えないで、

人と語り合って物事を解決していくといいのです。

一般的な他の解釈がありますが、喜納さんはこのような意味として親から習い、心にとめてきたようです。

熱湯(あちゆ)ぬ冷(さ)まいねー
冷(さ)まちいきよーやー

熱い湯を一気に冷まそうとしてもできません。
傷ついた心もそれと同じで、
一気に元通りにしようとしても無理があります。
ゆっくり、気長に、熱い湯を冷ますがごとく、
元気になっていけばいいのです。

老ー(つうぃ)てぃ花咲(はなさ)ちゅる
大根(うふに)ガンサ

大根の葉がついている部分(大根(うふに)ガンサという)だけを
切り取り土に再度埋めると、
花が咲き来年の種がとれます。
それと同じように、
人生でも年老(お)いてから咲く花もあるのです。
人生は苦労だけではありません。
私は今が花を咲かせる時だと人生を楽しんでいます。

人としての心得

むんならーし

言(い)ち足(た)らん事(ぐうとう)や
一人(ちゅい)足(た)れい足(だ)れい
互(たげ)にうぢなている
年(とうし)や取(とう)ゆさ

人間は全部が満ち足りた完璧な人などいません。
人間として足りないところや配慮が行き届かない点は、
周りの人から教えてもらって、
お互いに支え合って年を重ねていきましょう。

行(い)ちゃりば　兄弟(ちょーでー)
ぬー　ひだてぃぬ　あが
語(かた)てぃ　あしば

出会えば人間は皆(みな)同じです。
心一つに何の隔(へだ)てもなく、
お互いに語りあって遊び、
兄弟のように仲良くしましょう。

誠（まくぅとぅ）の上（つういー）からー

飛（とぅ）び鳥（とぅい）ん　飛（とぅ）ばん

人を押しのけていくようなひどい人であっても、
本当に誠実な人間をないがしろにするのは
遠慮するものです。
誠実に生きることは、とても大事なことなのです。

人間（にんじん）ぬ歩（あゆ）みや

一足（ちゅひさ）なーから　二足（たひさ）まぢゅん

うっけーいねー　うっくるぶん

急いだところで、
二歩いっぺんに歩こうとすると
転んでしまいます。
一歩ずつ地に足をつけて歩きなさい。

物知り（むぬし）終（うわ）たる人（っちゅ）や
召（め）んそーらん

どんなに教養や知識があると言われている人であっても、
この世のことをすべてわかっている人はいません。
いつでも自分には足りないところがあると思って
人の話を聞くといいのです。

人（っちゅ）一人（いちにん）
肝（ちむ）ふがしうーする
人（っちゅ）や 居（をぅ）らん

人間関係の中で、
お互いに多少の不平不満はあるものです。
行き届かないところは、
互いに理解していくことが大切です。
どんな人でも、
すべてを満足させきれる人はいないのですから。

親と子

愛（かな）さる仲（なーか）る　鞭（ぶち）かきーんろー

愛しいからこそ、
鞭(むち)をうって厳(きび)しく育てるのです。

チルグヮーのゆんたくコラム

一人前になるよう、あえて厳しく

出稼（でかせ）ぎに行く前の十七歳の時に、

「麦ジューシー（ぞうすい）が食べたい」と言うと、

お母さんが「麦を突（つ）いてごらん」と言いました。

うすに麦を入れて、二回突きました。

すると、麦が割れて、粉になってしまいました。

母は「今の調子では、嫁（よめ）に行かすと親が恥（はじ）をかく。

今日限りおまえをまま子扱（あつか）いするよ」と言いました。

そして、昔話を聞かせてくれました。

あるところに、自分の本当の子と血のつながりのない子ども（まま子）を持つお母さんがいました。ある時、2人に麦を突かせました。まま子のものは、そのままの麦を置き、自分の子には麦に水を入れていいあんばいにして、皮がむけやすいように準備しておきました。まま子の麦は粉になるばかりで皮がむけませんでした。どうして自分のだけはむけないのかと、涙が麦の上に落ちました。すると、涙で皮がむけました。その出来事で水につけておくとよいことを悟（さと）るのです。

この母親は、自分の子は嫁に行ってもわからないことがあれば甘えて聞いてくるだろうから教えられますが、まま子はジンブン（知恵）を出す訓練をしておかないと、嫁に行った先で困ると考えていました。

私も子どもの頃は、姉妹の中で自分だけ「トゥットゥルー（のろま）」と叱られ、泣いてばかりいましたが、今ではお母さんの深い愛情に感謝しています。

親ぬ恥や 買ーらりーしが
子ぬ恥や 買ーららん

親は子どもを育てるのが務めで、育てあげた後は
子どもを見守ることしかできなくなります。
育ててくれた親に、子どもは尽くすのが自然の流れです。
親が恥(はじ)をかくような失態をした場合でも、
子どもが出世すればその恥も消えます。
一方、子どもが失態をしたら、
親にも恥をかかせてしまうことになります。
年老いた親からの助けを受けることはできないので、
自分で気をつけないといけません。

肝（ちむ）浅（あさ）さ産子（なしぐゎ）　親心（うやぐくる）知（し）らん
親（うや）になてぃ知（し）ゆら　親（うや）ぬ心（くくる）

自分が産んだ子どもでも
人生が浅いうちは心も浅く、
親の心がわからないものです。
その子どもも親になった時、
初めて親の心を知るでしょう。
知って欲しいものです。

男(いいきが)ぬ　ハイカラーゆかー
綱帯(ちなうーび)そーしる婿(むーく)に　選(いら)ぶたん

親心としては、
お洒落(しゃれ)をする人より
綱帯(つなおび)して惜(お)し気(げ)なく働く男に
娘を嫁にやりたいものです。

兄弟

むんならーし

親寄し　子寄し
兄弟　和合取り

お父さん、お母さん、子どもたち皆が
それぞれに意見を出し合うことで、
子どもは物事の善(よ)し悪(あ)しを学びます。
兄弟の中で悪い行いをする人がいたら、
皆で教え合って和合を図りなさい。

兄弟(ちょーでー)や　一人(ちゅい)助(たし)き助(だし)き

兄弟はいついつまでも助け合って
仲良くするのがいいのです。
困っていたら助け合う、
その心がけがあれば助けになっていくのです。

昔は姉が弟や妹の子守をしたものです。おんぶをすると、自分の背中と弟らのお腹（なか）が合わさり、体も心も一体のように感じていました。兄弟の痛みは自分の痛みと受け止め、助け合うのが当たり前でした。

忍耐

女(いいなぐ)ぬ心(くくる)や　黒綱(くるちな)ん　くたすん

黒綱は、たとえ切れても色と形は残り、
腐らなかったのです。
おばあちゃん達世代の女性は、嫁ぐ時に
「どんなことも辛抱強く我慢しなさい」ということを、
「腐らない黒綱が腐るほどの忍耐力を持ちなさい」と、
教えられたと聞いています。

チルグヮーのゆんたくコラム

並々ならぬ忍耐力が必要だった

戦前までの嫁は、姑(しゅうとめ)や小姑(こじゅうと)、そして夫ともうまく折り合いをつけていくために、並々ならぬ忍耐力(にんたいりょく)が必要でした。

おばあちゃん達世代は、嫁(とつ)ぐ時に「女(いぃなぐ)ぬ心(くくる)や　黒綱(くるちな)ん　くたすん」と教えられたと言います。内心は苦しくとも、それを我慢(がまん)するのが女心だと教育されていました。

昔の黒綱というのは、山の木を切り出してきてなって作り、それを船の綱に仕立て陸に結びました。黒縄は長年使用すると切れることはありますが腐（くさ）ることはなく、いつまでも真っ黒のままでした。
昔のお母さんやおばあちゃん達世代は、「どんなつらい事があっても一旦（いったん）嫁（よめ）に行ったからには、女の心はくちない黒綱をも腐らすくらいの心で辛抱（しんぼう）しなさい」との教訓を与えられた時代でした。
現代ではこんな言葉も消え、立派な良き時代になりましたが、戦前の先輩方は辛かったでしょうね。でも、昔言葉として残しておきたい九十年生きてきたおばーのユンタクです。

偲（しぬ）ばらん　偲（しぬ）び
偲（しぬ）ぶしが　偲（しぬ）び

よく人は我慢しなさいと言うけれど、
これ以上もう耐（た）えられない
と思うことを耐え抜（ぬ）き、
乗り越えてこそ本当の意味で
我慢したことになるのです。
そのためにはできない我慢も
しなければならないのです。

行動する前に

むんならーし

胸底（んにすく）落（う）とぅち　物思（むぬうむ）り

うわべだけで考えて行動すると
失敗につながることがあります。
物事はよくよく掘り下げて、
心底から深く考えることが望ましいのです。

棒(ぼー)立(た)ていてい

良(ゆ)ー　深(ふか)み

わかりよー

入る前に棒を立てて、
どの程度の深みがあるのか調べてから入りなさい。
例えば、事業を起こす場合なら
自分の身の丈(たけ)を考え、
失敗しても起きあがれる程度の投資(とうし)をすることです。

人間(にんじん)や
一(てぃー)ち巻(まー)ち物(むぬ)考(かんげ)ーっせー
ならんどー

一方向だけの道を人間は通りません。あぜ道、
筋道(すじみち)、上り、下りといろいろな道があるように、
物事はいろいろな角度から深く考え抜いて
行動しなければいけません。
ただ一方向だけを考えていたら失敗します。

米粒（くみちぶ）一（てぃー）ちん
百（ひゃーく）んかい割（わ）てぃ
物（むぬ）考（かんげ）ーし

米粒(こめつぶ)はただ一粒でも粗末にしてはいけません。
一粒でも割れば百にも割れるように、
百通りの物考えをして行動しなさい。
例えば、米一粒が来年は稲穂となり、
たくさんの米になるごとくに。

言葉の大切さ

むんならーし

綱（ちな）の余（あま）いや　使（ちかー）りーしが
言葉（くとぅば）の余（あま）いや　使（ちかー）らん

綱(つな)の余りは何かに使えますが、
言葉の余りは誤解(ごかい)を受け、
災(わざわ)いの元になります。

物(むぬ)言(い)る者(むん)ぬ　思(うまー)ん先(さち)　取(とぅ)いん

聞く人によっては、
言った人が思ってもいないような
捉（とら）え方をされてしまうことがあります。
そんな誤解が生まれないように、
よく考えて言葉を発しないといけません。

一般的な他の解釈がありますが、喜納さんはこのような意味として親から習い、心にとめてきたようです。

三人（みっちゃい）から　世間（しきん）どー

同じ話を聞いても、
良い受け取り方をして聞く人もいれば、
悪い受け取り方をする人もいます。
三人寄(よ)れば世間と同じだから心して会話しなさい。

あやかり言葉

むんならーし

あるなーかー　城間なーか

まだ銀行がなかった時代、
城間さんのところは、
いつお金を借りに行っても貸してくれました。
豊富にお金も物もあり、
ケチケチすることがなかった城間さんの
「心の豊かさも見習いなさい」と教えられました。

感謝

むんならーし

御先祖（うやふじ）代々（でーでー）あてぃ
我（わん）があんろー

御先祖様(ごせんぞさま)がいらっしゃって
初めて自分がこの世に生命誕生しています。
御先祖様に日々感謝(かんしゃ)を忘れてはいけないのです。

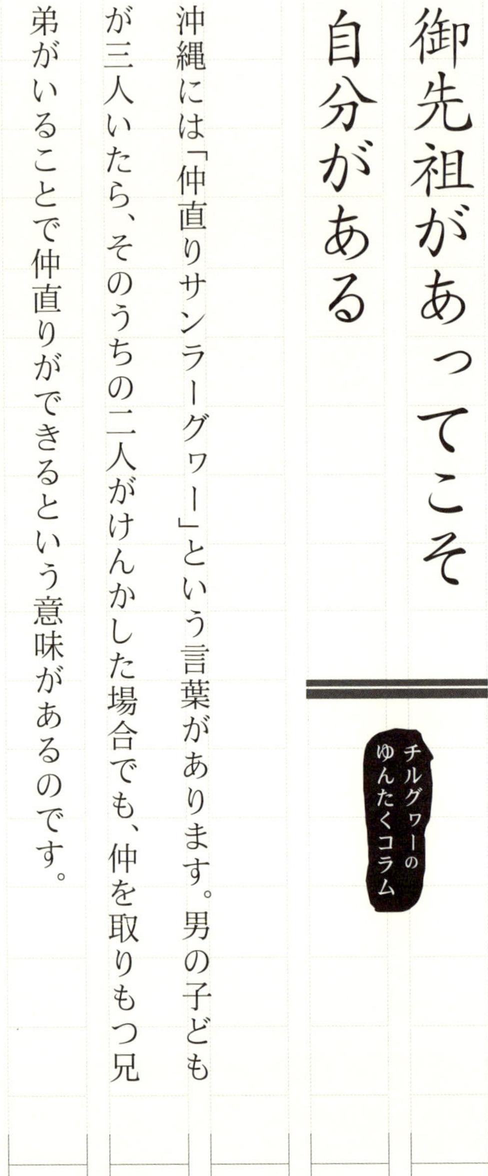

チルグワーのゆんたくコラム

御先祖があってこそ自分がある

沖縄には「仲直りサンラーグワー」という言葉があります。男の子どもが三人いたら、そのうちの二人がけんかした場合でも、仲を取りもつ兄弟がいることで仲直りができるという意味があるのです。

「三男までチバリヨー（頑張って）」と昔の人はよく言っていたものです。

私のおじいちゃんは、四男。上に三人の姉がいて、兄が三人いて、七番目におじいちゃんが生まれています。男女六名できているから、もう次の子はいらないと考えてもおかしくない状況（じょうきょう）でおじいちゃんが誕生し、そのおかげで孫である私も生命誕生できています。

おじいちゃんが生まれたのは琉球国（日本では江戸）の貧（まず）しい時代。当時の親は、子どもは自然に育つものだと、フーチバー（よもぎ）やカンダバーのお汁（しる）といった質素な食事しかできなくても十人兄弟を生み、育てています。

この御先祖があってこそ自分があるのです。それを考えた時、毎朝、御先祖様の前で手を合わせて感謝せずにはいられません。

また、昔人は「子（つくゎ）る宝（たから）」とよく言っていました。我が子は、世界中のどんな宝とも替えることができない、一番の宝。

子どもは、神の子でもある、と。

夫婦の愛の結晶（けっしょう）だけではない、もっと大きな神の力があって生命が誕生しているのです。

そんなことを現代の皆さんにも思いを馳（は）せてもらいたいと思うのです。

生(つん)まり島(じま)に恩恵(ぐうん)とぅ
生(つん)まり島(じま)ぬ言葉(くとぅば)忘(わし)りーねー
自分(るー)失(うしな)いん

お母さんの母体にいる時から島の空気や水が
恩恵（おんけい）を与えてくれて我が生命が誕生しています。
将来、どこに住もうとも故郷への恩義（おんぎ）や言葉は
絶対に忘れてはいけないのです。
忘れるということは、
自分を失うことになりかねません。

生（つん）まりや一（ちゅ）国（くに）　育（すだ）ちや七（なな）国（くに）

生まれたところから離れ、
いろいろな場所で育ったとしても、
生まれた土地に感謝を持っていきなさい。

誠(まくとぅ)真心(まぐくる)ぬ　人(ちゅ)ぬ情(なさ)きや

松葉(まーちぬふぁー)にん　包(ちち)むん

どんな小さな情けでも、
心ある人の情けは尊いものです。
いつでも謙虚(けんきょ)な気持ちで心にとめておきなさい。

右(にじり)ぬ手(てぃー)や親先祖(うやふぁーふじ)に感謝(くゎんしゃ)
左(ひじゃい)ぬ手(てぃー)や沖縄(うちなー)ぬ自然界(しぜんくゎい)に感謝(くゎんしゃ)
打(う)ち合(あ)ーちウートートー

二つの手を合わせて拝(おが)むのには意味があるのです。
右手は御先祖様に、
左手は生活させていただいている沖縄の自然界に、
感謝して打ち合わせて「ウートートー」と
お祈りするのが沖縄の教えなのです。

くすたっくえー

人間つきあい

むんならーし

付く語る愛さー

窪む語るたまる

兄弟でも親戚（しんせき）でも、
あまり行き来しなくなると親しみがうすれていきます。
交流して人がたくさん行き来する場所には
徳（とく）がたまります。

十(とぅー)ぬ指(いーび)
ゆん丈(たけ)ー
ねーらん

十本の指の高さは、皆同じではありません。
それと同じように、
人間の人格も皆それぞれに違っているものなのです。

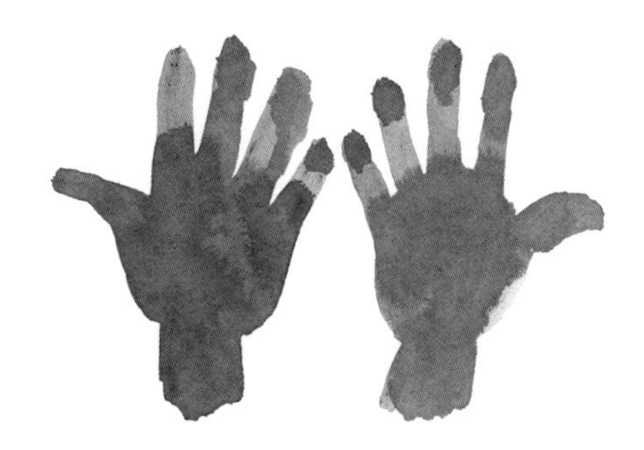

一（てぃー）ち　わかてぃ

三（みー）ち　わからん

一方的な物の見方しかできず、
自分の意見だけが正しいと思っているような
人のことをこのように表現していました。

ねーん批判(ふぃーふぃな)や
言(い)ちんしむしが
在(あ)る批判(ふぃーふぃな)や
言(い)んな

その人にない欠点は言ってもいいけれど、
ある欠点を言ってはいけません。

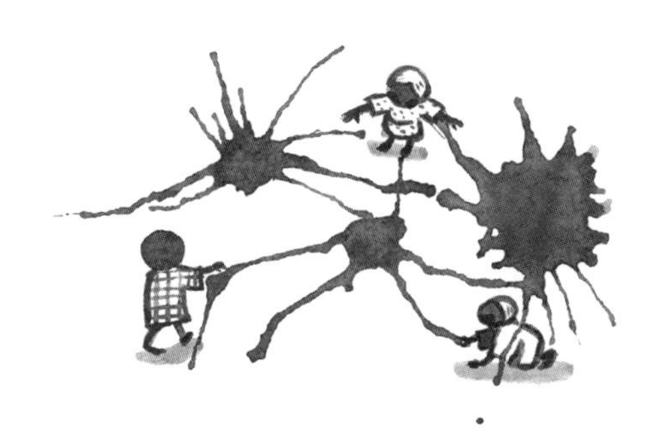

墨(しみ)の曲(ま)がいや　知(し)っち

物事(むぬぐぅとぅ)知(し)らん

学問はわかっているけれど、
世間知らずの人のことを
このように表現していました。

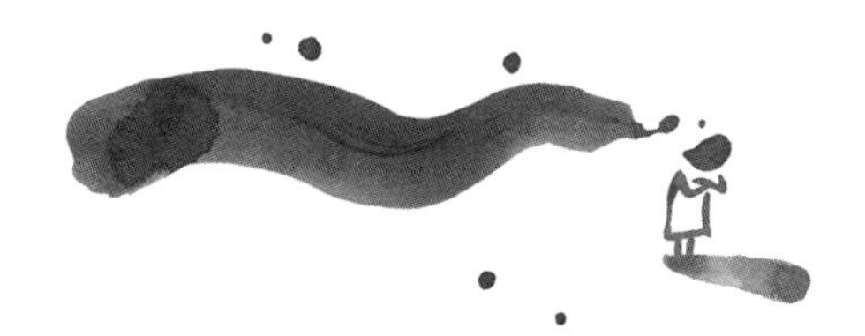

愛(かな)さる仲(なーか)
喧嘩(おーえー)んすんろー

相手が気になり、
愛しいからこそけんかもするのです。

言(い)ー破(や)んらー　聞(ち)ち直(のー)し

相手が悪く言っても、
いいように理解して聞きなさい。
人を悪く思わず、
おおらかに人と付き合っていくといいのです。

一般的な他の解釈がありますが、喜納さんはこのような意味として親から習い、心にとめてきたようです。

言(い)らんしゅかー
言(い)ーしまし

自分が思っているだけでは人には伝わりません。
悪口でなければ、
思っていることは言った方がいいのです。

人生とは

むんならーし

我(わ)が身(み) 切(ち)りんちる
他人(ゆす)ぬ上(つうぃー)や 知(し)ゆる

我が身を切って、
初めて他人の本当の痛さを知ります。

金(じん)とう学問(がくもん)や
腹(わた)満(み)っちゃる
人(つちょ)ー居(をう)らん

お金は、あればあるほど欲しくなるものです。
学問も、勉強すればするほど探究心(たんきゅうしん)が湧(わ)いてきます。
お金と学問は
「もう、これでいい」という人はいないのです。

五六十ぬ坂ん　楽苦に登たりば
下り坂ぬ八九十　楽ゆ願てぃ

五十、六十歳の坂を楽しさや苦しさ、
ひきこもごもに登れば、
八十、九十歳になった時の人生の下り坂は、
楽だけを願って生きていきたいものです。

目(みー)にん見(み)ーらん
手(てぃー)にん取(とう)らん
神(かみ)ぬ道(みち)んあんろー

目には見えないし、
手にもとれないけれど、
神の導きゆえの引き合わせが
この世にはあるものです。

喜納千鶴子さんができるまで

喜納（旧姓、石川）千鶴子（改名する以前・ツル）さんは、本部町旧桃原の豊原地区出身で、一九二三（大正十二）年旧暦六月二十五日生まれ（戦後の戸籍登録では七月十八日）、現在数え九十一歳です。

桃原地区は、廃藩置県前からの屋取（士族の帰農によって沖縄本島の各地で形成された小村落）で、没落士族の入植開墾地でした。それだけにこの地域の人は、あまり裕福な暮らしはできなくても、元は士族だという「反骨精神」で何とか乗り切って暮らしていたという人が多く、「桃原頑固」と呼ばれてきました。

生家である石川家は、馮氏※の末裔にあたります。喜納千鶴子さんの父親、石川清倹さんは明治二十二年生まれで、八十五歳でこの世を去りました。

母親、石川（旧姓、喜納）モーサさんは、明治二十三年生まれで、六十九歳でこの世を去っています。生家の喜納家は、琉球王国の政治家・蔡温の末裔にあたり、久米三十六姓（十四～十五世紀、進貢の初期、沖縄に移住した中国人の総称）の出身です。

祖母、石川（旧姓、比嘉）カマドさんは琉球国時代（日本では江戸時代）の生まれ。十八世紀初頭、政治・経済・文化の中心地域であった首里・那覇から沖縄本島の農村地域に、ユカッチュと呼ばれる士族の人口移動がおこなわれました。生家の比嘉家は、その頃に北部の本部町に移り住んでいます。

喜納さんに影響を与えた父親、母親、祖母らは、正式な日本語学校の教育は受けていませんでした。明治時代終わり頃までの士族は、中国に対する思い入れが強く、日本語教育への抵抗感があったようです。両親とも読み書きはできませんでしたが、生きる指針となる「むんならーし」や様々な知恵を代々口伝えで教わっていました。

祖母は芭蕉布の機織りの名手で、両親は戦前、農業に携わっていました。

母親は一番鶏が鳴く早朝に起きて薪でご飯作りをし、日中は父親と共に農業、夜は糸紡ぎをこつこつと続け、その糸で家族の着物（芭蕉布）を織る働き者でした。

父親は、おおらかな性格で、ジンブン（知恵）持ち者でもあり、どこよりも美味しい芋や立派なさとうきびを作っていました。

八人姉妹の二女として生まれた喜納千鶴子さんは、薪取りや水汲みの他、妹や弟たちの子守や農業の手伝いもしながら育ちました。現代では身分差がないので想像できないと思いますが、両親は士族の出であることを折にふれ子どもたちを戒めました。両親に反抗することは許されないことで、当時、自分の思いを言葉にすることが苦手だった喜納さんは、何かあるとすぐ泣いていました。いつも叱る役割をした母親は、姉妹の中で喜納さんだけが「トゥットゥルー（のろま）」だと厳しく教育し、喜納さんは自分で自分が悔しく、泣いていたそうです。

子どもの頃は「なちぶさー（泣き虫）」でしたが、祖母や両親の思想と共に「むんならーし」を姉妹の中でも一番深く心にとめたのは、喜納さんだったようです。

※氏は、狭義には近世期、士族が有した中国名における姓のことで、広義には士族の門中や家譜名をさす。

喜納千鶴子さんの父親
石川清検さん

喜納千鶴子さんの母親
石川モーサさん

これまでの人生の歩み

大正十二年本部町で八人姉妹の二女として生まれました。
生後十か月の頃、高熱を出し命が危険な状態になりました。両親はこの子は長くは生きられないかもしれないと諦めながらも、「子どもは神の子だから運があれば生きるはず」と神にすがる思いで育てていたそうです。すると元気に快復したのだと、後になって聞きました。

妹の死

小学校は遠かったため、二年生までは各集落内にある分教場に通うのが習わしでした。三年生からは、上級生と裸足で絶壁を登り、あぜ道を歩いた先にある謝花尋常高等小学校へ通いました。それも苦労とは思わず、楽しかったものです。
八歳の時、三歳の妹が麻疹で亡くなりました。
当時、幼い姉妹がいる人は、弟や妹をおんぶして学校へ通う人が多く、私も妹をおんぶして行っていました。
ある時、先生から「学校は勉強するところだから、これからは連れてこないように」と言われ、帰されたことがありました。

家では水汲(みずく)みや焚(た)き木(ぎ)拾いなどの用事がたくさんあったので、学校は最高に楽しい場所でした。それだけに、この妹がいなければ…と考えたことがありました。

その後に妹が亡くなったものだから、自分が妹を殺したような罪悪感(ざいあくかん)にさいなまれました。心に傷を負ったまま小学校を卒業しました。

謝花小学校の跡地に立つ喜納千鶴子さん＝本部町謝花、2013年8月13日

大阪の紡績工場へ出稼ぎ

その後、高等二年（今の中学校）に進みましたが、同級生の四十人程は進学せずに出稼(でかせ)ぎに行きました。

「十(とぅー)うちゃ　童(わらび)どー」という「むんならーし」があるように、十歳くらいまでは子どもとして見るけれど、十三祝いをする年齢からは大人扱いをする世の中でした。

高等二年卒業後は、大阪の紡績(ぼうせき)工場へ出稼ぎに行きました。当時の十五円を借金(しゃっきん)して、本土へ渡りました。
身長が一メートル三十センチ程しかなかったので、機織り機に糸をつけるのに手が届きませんでした。食事時間も織り機が気になり、慌てて仕事に戻る毎日を送りました。

前列１番左が喜納千鶴子さん。数え17歳で大阪の紡績工場へ出稼ぎに行った頃の写真＝1939（昭和14）年

一年程経った頃、微熱が続き、冷や汗をかき、朝起きられなくなりました。そのうち咳をするようになり、血たんが出ました。病院へ行くと、「後一年いたら完全に結核になりますよ」と言われました。
いとこのお姉さんが寮長をしていて、「沖縄へ帰った方がいい」と言いましたが、「借金を返せないまま帰った場合、親に迷惑をかけるから帰らない」と言いはりました。
いとこのお姉さんは「あなたはそれでいいかもしれないけど、もしものことがあった場合、あなたのお母

さんに私が顔向けできない」と言われ、帰る決心をしました。そのおかげで今の私がありま
す。

戦争

昭和十八年頃から戦時色が濃くなり、女性も国のためにさまざまな役割を担わされていきました。もんぺをはき勤労奉仕をし、〝天皇陛下のためならば何の命が惜しかろう〟と教育され、死ぬことは怖くありませんでした。

戦時中、そろそろ結婚適齢期を迎えていました。が、周囲の女性を見ると、結婚してすぐ出征して行く夫が戦死し、未亡人になり、一人で子どもを育てている人がたくさんいました。そうなるのが怖くて、いいなずけの人がいましたが、どうしても結婚する気になれませんでした。

いいなずけの人とは、戦後一年別々の避難所で過ごし、音信不通の状態が続きました。

避難所から本部町桃原の豊原集落に帰ってくると、住んでいた家も畑もみんな無くなり、米軍の飛行場に様代わりしていました。両親は、農業ができないと泣き崩れました。

結婚

昭和二十一年、二十三歳の時に、いいなずけだった同じ本部町桃原の夫と結婚しました。夫が「今日からここが自分たちの家だよ」と言ったのは、かろうじて残っていた馬小屋の草置き場でした。思わず泣けてきました。けれど、戦争で亡くなった人たちを思うと、自分たちは生き抜いて来た、それだけで有り難く、幸せだと思いました。

半年程経った頃、山から木を切り倒し、近所や親戚（しんせき）の人たちの「ユイマール」（助け合い）で家を建てました。

二十五歳の時、長女を出産。農業で生活していくことに行き詰まりを感じた夫は、那覇へ引っ越すと言い出しました。その時、二人目の子どもがお腹に宿（やど）っていました。

那覇へ

那覇へ行くのは怖かったけれど、土地を借りる手付金を既に払っていたので夫について行くしかありませんでした。家は全て解体して、何もかも根こそぎトラックに乗せました。親戚（しんせき）や近所の人から餞別（せんべつ）をもらい、山原（やんばる）（沖縄の北部）を後にしました。

那覇市寄宮に着き、持って来た資材で家を建てました。

夫は飴を仕入れて自転車で南部方面のマチヤグヮー（店）へ卸す商売を始めました。朝四時には家を出て、夜遅くまで難儀をいとわず働いてくれました。

私は、間もなく二女を出産。慣れない土地で、心細い中での出産でした。

実家の父と母は、私たちより先に那覇へ引っ越していました。

出産後間もなく、母が「町方に来ては一日でも油断できないよ。あなたも働きなさい」とアイスケーキ売りを勧めました。

県庁で働く同世代の女性は、袴姿のきれいな身だしなみをしていました。片や私は、裸足で二女をおんぶして頭にアイスケーキを載せ、県庁付近を売り歩き、とても恥ずかしかったです。

アイスケーキは売れずに溶けていき、背中で子どもは泣き、私も一緒に泣きました。この戦争さえなければ畑仕事ができたのに、と戦争を恨みました。同時に高等二年（当時の中学校）しか卒業していない自分を悲観しました。

母はそんな私を見て「都会では無理、山原へ帰れ」と叱りました。その頃の私はただ泣くことしかできませんでした。

通りに面した家だったので、次に母はミージョーキ（かご）の上に煙草や石鹸を並べて商売することを教えました。

母に言われるままに、商売の意味もわからずに始めましたが、物がない時代だっただけに何でもよく売れました。

ある時、知らない男の客が来て、「この仕入れ値はいくらですか」と聞きました。意味がわからずにいると、今度は「原価はいくらなの」と聞いてきました。ますますわからずに首をかしげていると「利潤はいくら」と聞きます。すべて意味が理解できていなかったのですが、客はばかにされていると勘違いして怒って出て行きました。

那覇市松尾の喜納商店で店番をする喜納千鶴子さん＝2013年8月6日

互いに舵取るのが夫婦

那覇に来て五年後、現在の那覇市松尾に引っ越しました。その頃には米や酒、木炭、石油などいろいろと仕入れ、客が列を作るほどよく売れました。

七人の子どもに恵まれ、寝る間もおしんで働きました。

海洋博の時には、故郷の本部で一攫千金のうますぎる話を持ちかけられました。他にも、夫婦で意見が衝突することが幾度とありました。その度に思い出したのは、山原を出る時にかけてくれた義父の言葉でした。

「那覇へ行ったら走って行く馬の目も取るくらいの勇気を持ちなさい。息子だけに任せておかないで時には互いに（人生の）舵を取って船が倒れてしまわないようにしてちょうだいよ」と。人を助けるやさしい性分の夫が惑いそうになると、勇気を持って家族を守りました。

夫と娘を亡くして

子どもたちを大学卒業させた六十代初め頃、夫が病気を患い六十五歳で他界しました。

「これからは夫婦の時間も持てるはず」と希望を持っていた矢先の事でした。近所のご夫婦が一緒に歩いている姿を見ると、私にはこの姿はないのかと落胆しました。
追い打ちをかけるように、翌年二十歳になったばかりの末っ子の四女を病気で亡くしました。その時の苦しみといったら、例えようがありません。
娘のことを思わない日は一日としてありませんでした。いえ、数時間としてなかったはずです。いつも自分を責め、七年忌までは墓の周りを駆け回る娘を追いかける夢を幾度も見ました。
夫を失い、娘まで失って、私の人生は何だったのだろう、と気が狂いそうになりました。
そんな時、母から習った「熱湯ぬ冷まいねー　冷まちいきよーやー」という「むんならーし」を何度も心でつぶやき、徐々に気持ちを冷まし、救われていきました。
それからは、残っている子どもたちのためにも生きないといけない。これまで一寸の暇もないくらい働いてきたから、これから花を咲かせないと、と気持ちを切り替えました。
そして、「私の人生つらかった」という思いで人生を終わらせるのではなくて、「私の人生よかったわ」と言えるように、自分で自分の心を切り替えていこうと思うようになりました。

「魂や　自分にる　あんろー」「人間ぬ浮世や　七恥んかちゅる　浮世や　渡いんろー」

「良ー事やれー　さんしゅかー　すしまし」の「むんならーし」に励まされて、関心があった沖縄語復活や「おもろさうし」の勉強に七十代から飛び出しました。

一番つらかった時は、自分も一緒に逝った方がいいとさえ考えましたが、戦争で三十代にして夫や子どもを亡くした知人を思った時、そんな考えは失礼だと思い直し、乗り越えました。

骨折して入院していた時の喜納千鶴子さん（右）。喜納さんのイラストを担当している福島律子さんと＝2010年、沖縄協同病院

骨折、大腸がんを克服

数え八十七歳の時に足を骨折し、手術を受けました。退院後、「へこたれてなるものか」と、杖をつきながらもすぐ店に出て働きました。それが良いリハビリになり、元のような元気さを取り戻しました。

その翌年、八十八歳の時には、大腸がんの手術を受けま

した。この明るみにまたと出てこられるかねー、と思いながら手術室に入りました。運を天に任せ、術後、目を覚ました時は、「第一の生みの親はお母さん、第二の生みの親は川上先生です。ありがとうございます」と、主治医（しゅじい）の先生にお礼を言いました。

「今（なま）からどー！」
元気が出る言霊（ことだま）で自分自身を励ます

この年になっても、肝（ちむ）や童（わらび）どー（心は子どものままです）。

人生なんて夢見たような人生です。瞬（まばた）きするくらいに感じるほど、早く過ぎ去って行きます。九十一のこのおばあの人生はさぞ長かったでしょう、と思うかも知れませんが、あっと

「今（なま）からどー」と自分に気合を入れる喜納千鶴子さん＝2013年8月6日

いう間でした。皆さん、若くても油断しないでくださいね。
　高齢になってからも「今からどー（これからだよ）」と自分に気合を入れて、「目指す人生百二十歳」と言っています。
　九十一歳にもなると、百歳まで生きると言っても後十年足らずしかありません。十年なんてあっという間です。残りわずかだと思うと夢も希望もないですが、後三十年あると思うと勇気が湧いてくるでしょ。（笑）
　私のおばあちゃんは琉球国時代（日本では江戸時代）に生まれ、お母さんは明治生まれ、私は大正、子どもたちは昭和、孫は平成生まれで、私は五世代の人間の思想が全部わかります。子どもの頃は裸足の暮らしも経験したけれど、我が人生の歴史は最高だったと思います。
　苦労の荒波の思い出も今では喜びに変わり、感謝の心が勝るようになりました。どんな苦しみも耐えないといけないと思ったから今の自分があります。

二〇一四年　三月

おわりに

聞き取り・編集　玉那覇展江（たまなはのぶえ）

この本を手にとって下さった方に、元気と勇気が湧いてきたとしたら、こんなに嬉しいことはありません。

人生には、時として悲しいことや辛いことも起こりますが、その時、どう受け止めて、どう乗り越えていけばいいのかを悩んだ時に、どうぞこの本を思い出して下さい。そして、良い方向に自分の人生の舵（かじ）をとって進んでいく一助（いちじょ）にしていただけたら幸いです。

自分に気合を入れながら、一日一日を楽しく精一杯生きている喜納千鶴子さん。魅力的な喜納さんと出会い、友情をはぐくみ、この本が誕生したことをとても嬉しく思います。

喜納千鶴子さんは、約六十年前から九十一歳になる現在まで、那覇市松尾で喜納商店という雑貨商を営んでおられます。お店には、たくさんの人が喜納さんとゆんたく（お話）したくて訪れます。ビールケースに座って、時にはもやしのひげをとりながら、話に花が咲き、笑いが起こり、和やかな時を共に過ごします。

私が喜納さんと出会ったのも、喜納商店でした。遡ること二十数年前になりますが、初対面の時に、「いちゃりば姉妹、（出会えば心隔てなく姉妹のように仲良くしましょう）お友達になりましょうね」と言って、満面の笑みで私を抱きしめてくれたのです。本土の徳島から移住してきた私を、喜納さんは区別することなくおおらかに受け入れてくれました。私は、喜納さんの明るく前向きな人柄にすっかり魅せられていきました。

それからというもの、喜納さんが幼い頃から、お母さんやおばあちゃんから口伝えで教えてもらい、生きる指針にしてきた「むんならーし」を店先で聞かせてもらうようになりました。時には、自作の歌も披露してもらい、元気をもらい、自称ファン一号となりました。

いつしか、「むんならーし」を自分一人で聞いて終わりにしてしまうのはもったいないと考えるようになりました。方言も全くわからない私でしたが、「むんならーし」の心はしっかりと私の心に響きました。

それから月日は流れて、私は沖縄タイムス販売店ミニコミ紙を製作する仕事に携わるようになりました。旧暦カレンダーに喜納さんの「むんならーし」を紹介することで、私が力をもらったように、一人でも多くの人に先人の知恵を伝えたいと考えました。おかげさまで喜納さんの「むんならーし」は好評で、連載が五年目の今も続いています。

その「むんならーし」をまとめた本を、この度、沖縄タイムス社から発刊できる運びとなりました。この本は、”しまくとぅば“が話せる話せないに関わらず、すべての人に、沖縄の先人や喜納千鶴子さんが現代～後世に生きる人へ、沖縄の肝心（ちむぐくる）（真心）や生きる指針（ししん）を伝えようとしたものです。最初から「むんならーし」を覚えることが難しくても、まずは解説を心で受け止め、魅力あふれる喜納千鶴子さんや、沖縄の先人の温かくおおらかな人間性に触れていただきたいです。そして、自分自身の中に心地よい風穴を開け、今を生きるヒントにしてもらえたら幸いです。

喜納千鶴子さんのファンと「むんならーし」の心が、沖縄中に、日本中に、世界中に広がっていくことを願ってやみません。

出版に当たり、琉球大学や沖縄国際大学等、県内六大学で琉球語や日本語の非常勤講師をつとめている仲原穣（じょう）先生に「むんならーし」の監修（かんしゅう）をお願いしました。

イラストは、沖縄タイムス販売店ミニコミ紙「旧暦カレンダー」や「ウチナー昔たび」に喜納千鶴子さんのイラストを描いてもらっている福島律子さん（イラストレーター兼沖縄タイムス座喜味販売店店主）にお願いしました。

本の装丁とデザインは、アイデアにんべんの黒川真也さんと祐子さんご夫妻にお願いしました。

解説も一部訂正し、加筆しています。

懐が深く、人にやさしい社風を持つ沖縄タイムス社の皆様には、出版に際して惜しみない協力をしていただきました。読者局の屋宜聰局長、伊集守哉企画管理部長、ミニコミ紙の担当をしてくれていた平良吉弥主任、編集局謝花直美編集委員・局部長、文化事業局友利仁出版部長、その他親身に協力して下さった関係各位の皆様に心より感謝申し上げます。

この本の誕生のきっかけを作ってくれたガナパティーの棚原優子さんと友人の吉田祐子さん、全般に亘って協力してくれた姉の吉本恵美子、へそくりを快く遣わせてくれ本の出版を後押ししてくれた夫・玉那覇哲秀にも、紙面を借りてお礼を言わせて下さい。ありがとうございました。

最後になりましたが、この本をお読みになって下さった皆様に厚くお礼を申し上げます。

二〇一四年　三月

＊　私事ですが、二〇一三年二月十七日に母・賀川輝子が七十七歳で、同年四月二十七日に父・賀川歓啓が七十八歳でこの世を去りました。大好きだった亡き両親に、感謝の気持ちを捧げます。

私は、二〇一三年三月にバセドウ病と一型糖尿病を発症しました。一型糖尿病の発症の原因は、自己免疫性、ウイルス感染、突発性（原因不明）などがあげられます。生活習慣の影響による糖尿病は二型糖尿病といい、全く異なる病気です。一型糖尿病は、リンパ球が誤って血糖値を下げる唯一のホルモンであるインスリンを生成する膵臓のβ細胞を破壊する自己免疫疾患で、一年間に十万人に一・五人が発症すると言われています。生命を維持するためには、発症したその日から生涯、インスリンを注入しなければなりません。当初はかなり抵抗がありましたが、インスリンがあるおかげで、好きな物を食べて元気に生きることができています。

むんならーし「借金とぅ病や　隠すな　大道出ぢてぃ　物習し」に随分励まされました。病気を公にすることで一型糖尿病への理解と、良き出会いに繋がることを願ってー。

●しーぶん（おまけ）

カジマヤー目前の喜納千鶴子さんのこと

二〇一七年の年末、家の中で転び、骨盤にひびが入り、手術を受けました。当初は痛くて、もう歩けなくなるかと思ったそうですが、リハビリを頑張り、どんどん元気に快復していきました。長い入院生活の中でも常に前向きで、入院患者が集まって行うレクリエーションの時には、自身が七十代の時に作った「友皆愛さ（るしびかなさ）」を歌い、みんなと一緒に楽しむことを忘れませんでした。

現在は杖なしで歩き、デイサービスに行きながら合間で店番もする頼もしさです。

二〇一九年　五月

「杖なしで歩けているよー」と万歳する喜納千鶴子さん＝喜納商店、2019年５月

「友皆愛さ」　＊七十歳になったときの心境をうたった七五調の数え歌。「早口説」で節づけしています。

さてぃむ此の世に生まりとぅてぃ　私達衆臣下走い揃るてぃ　今日ぬ喜び　面白や
先や一番命あり　命ぬあぐとぅる肩寄してぃ　共に語らい喜びどぅ
二番友皆や肝美らさ　誠真心愛々とぅ　語てぃ遊ぶさ我が友皆
三番桜ぬ木陰にて　友とぅ遊びし古を　童心が偲ばれる
四番世間ぬ人振れん　色々様々とぅいひらてぃ　童友皆や肝染まてぃ
五番ご苦労ぬ荒波ん　今じゃ思出喜びん　勝る感謝ぬ心湧く
六番銭金儲きやい　命ぬあぐとぅどぅ我が友皆　今日ぬ喜び如何ばかり
七番七十ぬ齢なたれ　物事様々思み忘てぃ　楽世好むさ我が友皆
八番八十ぬ齢ならば　八月八日トーカチぬ　米ぬ御祝ん友揃てぃ
九番九十ぬ齢なてぃん　私達友皆ぬ面影や　互に忘りな幾年ん
十番充分肝試し　身体頑丈気を付きてぃ　残る人生百二十歳
友皆愛さる我が思い　二度若葉ん咲き誇てぃ　未来願掛き叶わゆら　共に願やい叶わらさ

大正、昭和、平成と三世生き抜く我が身にも、二十一世元気で歩む、生きる姿の素晴らしさ。健康、健康、ぜひ健康。万歳！皆さんの長命をお祈りします。

著者紹介

喜納千鶴子（きなちづこ）
1923年、沖縄県国頭郡本部町豊原（旧・桃原）生まれ。60年余り前から那覇市で雑貨商を営む。沖縄語普及協議会会員。3男4女の母。
2015年第6回ふるさと自費出版大賞（全国新聞社出版協議会主催）優秀賞受賞。
2017年第30回オーキッドバウンティ（プロアマ大会参加者の浄財とダイキンオーキッドレディスゴルフトーナメント主催者の寄付金により沖縄県の芸術・文化・スポーツ・教育等の振興を支援する賞）受賞。

玉那覇展江（たまなはのぶえ）
1962年、徳島県生まれ。1990年に沖縄へ移住、同年より2001年まで沖縄タイムス販売局で販売店向けのミニコミ紙を担当。2008年より沖縄タイムス販売店ミニコミ紙の製作に携わる。移住してすぐに喜納商店で喜納千鶴子さんと運命的な出会いをする。
2019年笑い文字普及協会公認笑い文字初級講師

監　修　仲原　穣（じょう）（琉球大学他　非常勤講師）
イラスト　福島律子
装　丁　黒川真也（しんや）、黒川祐子（アイデアにんべん）

チルグヮーのむんならーし　母から習った教えと私が残したい言葉

2014年4月27日　初版第1刷発行
2019年7月1日　第2版第1刷発行

著者©　喜納千鶴子　玉那覇展江
発行者　玉那覇展江
発　売　沖縄タイムス社　出版部
那覇市久茂地2-2-2
電話　098-860-3591
FAX　098-860-3830
印刷所　文進印刷株式会社

（落丁・乱丁本はおとりかえします）ISBN978-4-87127-689-4